Gelebte Alltagskultur.
Episoden aus dem Basil's

Gelebte Alltagskultur

Episoden aus dem Basil's

Joke Frerichs

Bibliographische Informationen der Bibliothek:
Die Deutsche Bibliothek verzeichnet diese Publikation in der
Deutschen Nationalbibliographie; detaillierte Informationen
sind im Internet über http://dnb.ddb.de
abrufbar.

© 2021 Joke Frerichs
Herstellung und Verlag: BoD – Books on Demand Norderstedt
ISBN 978-3755-7124-04

Das *Basil's* kennen wir, seit wir 1989 nach 10 Jahren *Südstadt* nach *Nippes* gezogen sind. Während wir es anfangs nur sporadisch besucht haben, gehen wir seit einiger Zeit ziemlich regelmäßig ins Basil's. Hier trifft man immer auf Leute, mit denen man sich unterhalten kann. Schon unter der vorigen Wirtin *Gabi* entwickelte sich die Kneipe zu einem *kommunikativen Treffpunkt;* und dennoch ist es erstaunlich, wie die beiden Wirte *Björn* und *Jan* es geschafft haben, dem Lokal noch einmal eine ganz besondere Atmosphäre zu verschaffen; eine Mischung aus *Intimität und Offenheit.*

Einen Teil der älteren Stammgäste kennen wir noch von früher; aber viele Jüngere sind dazugekommen, so dass die Kneipe auch bei diesen einen gewissen Kultstatus hat. Das Positive daran ist: man kommt miteinander ins Gespräch.

Die beiden Wirte geben sich selbst lässig und zuvorkommend, gepaart mit distanzierter Freundlichkeit. Sie beweisen eine gute Übersicht und logistisches Vermögen. Und sie haben sich ein Team zusammengestellt, das harmoniert und gute Kontakte zum Publikum pflegt.

Seit Björn (für mich überraschend) vor einiger Zeit als Wirt aufgehört hatte, führt Jan die Kneipe allein; ebenfalls mit viel Übersicht und Souveränität, so dass man den Weggang von Björn kaum spürt.

Zu den Stammgästen gehört u.a. *Sabine,* die man fast täglich hier treffen kann. Sie ist eine Art *Frontfrau;* organisiert die *Tipprunden zur EM und WM* und, gemeinsam mit *Pitt Hoff,* den kleinen *Karnevalsverein Basilianer.*

Dann ist da der (ehemalige) Fordarbeiter *Peter,* der ebenfalls täglich vorbeischaut. Von ihm erfahre ich das Neueste vom FC, aber auch das ein oder andere aus der Produktion bei Ford. Vor allem seine Erfahrungen mit den türkischen Kollegen sind interessant. Er ist ein guter Erzähler, und es macht Spaß, seinen Geschichten, die er stets im Kölschen Dialekt vorträgt, zuzuhören.

Von allen Anderen, mit denen ich mich gerne unterhalte, ist später noch die Rede.

*

An so manche Gespräche, die wir im Laufe der Jahre geführt haben, erinnere ich mich. Dazu einige Beispiele:

Unterhalten uns mit *Frank Hocker,* dem Gitarristen und Partner des Sängers *Gerd Köster,* und seiner Freundin. Ich spreche ihn auf eine CD an, die sie mit *Robert Gernhardt* zusammen produziert haben. Er ist verblüfft, weil es schon lange her ist; ich hatte es im *Kölner StadtAnzeiger* gelesen.

*

Gespräch mit dem Fotokünstler *Rob Herff*. Er hat ein neues Foto-Album gemacht; einige der Arbeiten hängen im Lokal an den Wänden. Uns gefällt vor allem eine Mondlandschaft, zur Hälfte von der Sonne beschienen. Wir kaufen es ihm ab. Die Grundfarben sind grau-schwarz-bräunlich, von denen der leuchtende Mond hell abgesetzt ist; und bei der Gelegenheit erfahren wir von ihm, dass es die Farbe „reines Grau" eigentlich gar nicht gibt; immer sind weitere Farben – rötliche; bläuliche und eben bräunliche Töne beigemischt. Wieder was gelernt.

Wir unterhalten uns über ein Filmportrait über *Joseph Beuys*. Rob schätzt Beuys über alles und hält ihn für einen der größten Künstler unserer Zeit. Er spricht von dessen sozialem und politischem Engagement; seiner Auffassung von Demokratie, die z.B. darin gipfelte, dass er meinte, jeder Mensch sei ein Künstler. Ich merke an, dass mir seine Engagements durchaus sympathisch waren, vor allem, wenn man sie aus der Zeit der späten 60er Jahre heraus versteht. Seinem Statement, jeder sei ein Künstler, würde ich allerdings widersprechen. Wenn dem so sei, stelle die Kunst sich selbst infrage. Wenn es keiner besonderen künstlerischen

Kompetenz mehr bedürfe, werde Kunst beliebig. Dann sei eben alles Kunst, was dazu erklärt wird. Wir diskutieren noch eine ganze Weile über die Bedeutung von Beuys. Rob lässt sich seinen Beuys nicht nehmen; muss er auch nicht.

*

Erleben im *Basil's* eine Musikdarbietung: ein (hervorragender) Gitarrist und Sänger spielt Blues und Popmusik; assistiert von unserem Nachbarn *Jens,* der Saxophon spielt. Auf eine sehr einnehmende Weise: nahezu zärtlich, auf jeden Fall zurückhaltend und sehr einfühlsam. Das Instrument kann man schließlich auch ganz anders spielen. Wir hören ihn im Haus oft üben; er wohnt in unserer ehemaligen Wohnung.

*

Rede mit *Valentin,* einem Schauspieler, über meinen Text *Erinnerung und Sprache.* Er hatte sich dafür interessiert und kommt von selbst auf mich zu, als er seinen Dienst hinter der Theke beendet hat. Wir reden darüber, dass die Erinnerung stets nach Maßgabe des gegenwärtigen Selbstbildes, das man von sich hat, konstruiert wird. Und dann schildert er, dass sein Vater ihm immer neue, teils sich widersprechende Schilderungen seiner Zeit in *Rumä-*

nien geliefert hat: mal war er im Widerstand; dann wieder Teil des Systems. Er möchte ein Theaterstück darüber schreiben.

*

Der *Dortmund-Fan Frank* setzt sich zu mir. Wir schauen des Öfteren gemeinsam die *Borussia*, haben aber bisher nur wenig miteinander gesprochen. Er hat mitbekommen, dass ich schreibe und fragt nach meinem Roman *Das Haus des Dichters*. Er hatte offenbar schon gegoogelt und will wissen, wie ich auf das Motiv gekommen bin. Ich erzähle ihm von *Josef W.*, dem unbekannten und völlig vereinsamten Dichter, der mir als Vorlage für den Roman gedient hat.

*

Rede lange mit *Adrian*. Er ist eigentlich schon am Aufbrechen. Dann kommen wir ins Gespräch und unterhalten uns noch ca. eine Stunde lang. Ich staune immer wieder, wie diese jungen Leute ihren Alltag bewältigen. Sie sind unentwegt in Bewegung; studieren noch und haben nebenher mehrere Jobs. A. arbeitet in einer Sozialeinrichtung, u.a. mit behinderten Kindern. Im Basil's arbeiten ca. ein halbes Dutzend junger Leute, die hier eine Möglichkeit zum Nebenverdienst finden.

*

Gestern   sprechen wir lange mit *Christoph,* der beim *Kölner StadtAnzeiger* arbeitet. Ich erzähle ihm, dass ich Mitte der 80er eine Studie über die Umsetzung der Arbeitszeitverkürzung beim KStA gemacht und viele Interviews mit dem damaligen Betriebsrat geführt habe – vor allem mit der Vorsitzenden *Julia* und ihren Stellvertretern. Er erzählt, wie Julia dem großen *Alfred* Paroli geboten hat und welch großen Rückhalt sie in der Belegschaft hatte.

Petra berichtet von ihrer Zeit als Aushilfssekretärin beim StadtAnzeiger und dass sie während dieser Zeit und auch danach noch im *Frauenausschuss* der *IG Druck und Papier* mitgearbeitet hat. So kommt eins zum anderen. Mir fällt ein, dass ich einige *Bildungsseminare* mit Druckern und Setzern gemacht habe und wie belesen viele von ihnen waren. Christoph meint, das habe daran gelegen, dass die Leute mit der Schrift zu tun hatten. Als er vor über 20 Jahren beim StadtAnzeiger angefangen habe, gab es noch den Handdruck; danach den Offsetdruck, und heute würden die meisten Texte direkt von den Redakteuren per Computer eingegeben. Dadurch seien viele Produktionsvorgänge weggefallen, z.B. das Drucken selbst, das Setzen, das Korrekturlesen usw. Julia habe erreicht, dass die Leute, deren Stellen wegfielen, saftige Abfindungen erhalten haben.

Christoph bietet an, uns den Betrieb zu zeigen. Das wäre insofern interessant, als wir noch den alten Betrieb aus der *Breite Straße* kannten.

*

Erwerben vom Bildkünstler *Jochen S.* eine Straßenansicht der *Neusser Straße*. Bei einer Gelegenheit zeigt er uns seine beachtliche Bildersammlung. Interessant: er kombiniert alte Stadtbilder mit neuen Ansichten, genannt *Zeitcollagen*. Das ergibt eine Konstellation, die höchst eindrucksvoll ist. Wir nehmen das Bild mit in unsere Zweitwohnung nach *Wilhelmshaven,* so dass immer ein Stück Köln um uns herum ist.

Anschließend gehen wir italienisch essen bei *Mimmo&Santo.* Und abends besuchen wir ein Konzert im *Basil's.* Zwei junge Leipziger Musiker präsentieren anspruchsvolle Lieder; vor allem die Sängerin verfügt über eine enorme Ausstrahlung. Ich schicke ihnen einige Gedichte von mir; sie hatten mich darum gebeten, wohl auf Initiative von *Marlene* hin, die auch dieses Konzert organisiert hat.

*

Lernen ein interessantes Paar im *Basil's* kennen. Mit Volker, der beim Film arbeitet, hatte ich mich schon einmal unterhalten. Wir haben Anfang der 70er Jahre fast zeitgleich in *Marburg* studiert. *Christel* ist freischaffende *Literaturkritikerin* beim WDR und Deutschlandfunk und arbeitet für *Denis Scheck*. U.a. hat sie mehrfach *Dieter Wellershoff* interviewt, über den wir 3 Bücher geschrieben haben. Zuletzt interviewte sie ihn kurz vor seinem 90. Geburtstag. So ergeben sich viele Anknüpfungspunkte. Erfreulich: es handelt sich bei ihr nicht um eine dieser typischen Medienfrauen, sondern um eine sympathische, unprätentiöse Frau, die aus einer Handwerkerfamilie aus dem Ruhrgebiet stammt.

*

Erneut neue Leute kennen gelernt. Diesmal einen KfZ-Meister, der eine Werkstatt in *Raderthal* unterhält, aber immer wieder nach *Nippes* ins Basil's kommt, weil er früher in der Nähe gewohnt und gearbeitet hat. Ich habe ihn schon oft hier gesehen, aber mich noch nie mit ihm unterhalten, da er meist Kollegen dabei hat. Später gesellt sich ein *Willy* dazu, der dreißig Jahre lang im Jazzlokal *Streckstrumpf* in der Altstadt gespielt hat. Heute tritt er meist nur noch auf Partys und kleineren Veranstaltungen auf. Natürlich reden wir über Jazzmusik. Aber auch über die fehlenden bezahlbaren Wohnungen in Köln, die Verkehrsproblematik u.a.m.

Ich staune immer wieder, wie kompetent diese Leute urteilen und dazu pragmatisch. Was sind dagegen viele Politiker, die man jetzt gerade wieder im Wahlkampfmodus erlebt hat. Sie reden über alles und verstehen nur selten etwas von den Dingen, über die sie reden.

*

Komme mit *Sabine* ins Gespräch. Sie erzählt einiges aus ihrem Leben – ohne Larmoyanz und überaus witzig. Ich bemerke ganz beiläufig: *Daraus könnte man ja einen Roman machen.* Eine zeitlang tragen wir uns mit dem Gedanken; aber das Vorhaben ist schwer zu realisieren und würde viel Zeit kosten, die wir nicht haben.

*

Wieder ein interessanter Abend im *Basil's*. Zunächst rede ich mit *Guido,* dessen Nachnamen ich nicht kenne. Er hat seine Hündin *Smilla* dabei, die er aus einer Todesstation in *Kroatien* geholt hat, wo sie eingeschläfert werden sollte. Er erzählt von

Irland, den herrlichen Landschaften; den gast-
freundlichen Einwohnern; dem guten Whisky
und den Freunden, die er dort gefunden hat. Er
ist ein guter Erzähler, der anschaulich berichtet
und sich auf Relevantes beschränkt.

Dann spricht mich *Anke G.* an. Sie hat *Evangelische
Theologische* in *Marburg* studiert und macht z.Zt.
ein Referendariat. Vor Wochen hatte ich ihr meine
Mission mitgebracht, weil ich wissen wollte, wie
sie die Ausführungen zur Religion darin findet.
Darüber hatten wir uns früher einmal unterhal-
ten.

Jetzt erst hat sie Zeit gefunden, mir ihre Leseein-
drücke zu schildern. Sie findet es richtig, dass ich
zwischen der *Kirche als Institution* und dem *Glau-
ben bzw. der Religion* unterscheide; auch teilt sie
meine Kritik vor allem an der katholischen Amts-
kirche mit ihren autoritären Strukturen und ihren
(menschengemachten) Dogmen. Trotzdem gibt sie
zu bedenken, ob eine Religion ohne eine feste In-
stitution wie die Kirche als Referenzpunkt auf
Dauer überleben würde. Eine diskussionswerte
Differenzierung. Interessant findet sie auch die
Ausführungen über den *Symbolcharakter der bibli-
schen Geschichten.*

Sie ist eine aufmerksame und empathische Lese-
rin, und es macht Spaß, mit ihr zu diskutieren.
Wir werden das Gespräch irgendwann fortsetzen,

da es in der Kneipe mit fortschreitender Stunde zu laut wird.

Das liegt u.a. daran, dass *Tom B.* zwischenzeitlich gekommen ist und alte Schallplatten mit französischen Chansons auflegt. Sein Vater ist aus Frankreich zu Gast, und nach etlichen Getränken singen die Beiden die Lieder mit. Tom ist sehr musikalisch und ist schon im *Basil's* mit eigenen Liedern, die er getextet und komponiert hat, aufgetreten. Von mir hat er zwei Gedichte ins Französische übersetzt. Allmählich füllt sich das Lokal, und es wird ein heiterer Abend in bester Stimmung und Gesellschaft; hier sind alle Altersgruppen vertreten, die gut miteinander auskommen.

*

Unterhalte mich erneut mit *Anke;* diesmal über lyrischen Expressionismus. Sie behandelt gerade im Unterricht den Expressionisten *Ernst Wilhelm Lotz,* den ich bis dahin gar nicht kannte. Später habe ich einige Gedichte von ihm gelesen und bin ganz angetan. Mir gefällt die direkte, unverblümte Sprache, der weitgehende Verzicht auf überbordende Symbolik und die teilweise riskanten, weil verrückten Wortspiele. Formulierungen wie:

Da warf ich dem Chef an den Kopf seine Kladden /
Und stürmte mit wütendem Lachen zur Türe hinaus –

heißt es etwa im Gedicht *Wolkenüberflaggt.*

Anke lässt ihren Schülern sehr viel Raum im Unterricht, um deren Phantasie anzuregen. Sie fordert sie auf, analog zu einem Gedicht von Lotz eigene Erfahrungen niederzuschreiben; es sei ganz erstaunlich, was die Schüler hervorbrächten, meint sie. Anke scheint eine gute Lehrerin zu sein; so eine hätte man sich selbst gewünscht.

Unser Gespräch findet statt, nachdem der FC 2:0 gegen den HSV gewonnen hat.

*

Waren zu einem *Benefiz-Konzert im Basil's.* Organisiert hatte es *Marlene*, die Schauspielerin, die auch hier bediente. Das Konzert fand zugunsten der Flüchtlinge von *Calais* statt, die dort in einem Lager unter schlimmsten Bedingungen hausen.
Junge Musiker bieten kostenlos ihr Können dar; es ist eine anspruchsvolle, kunstvoll dargebotene Musik. *Tom* organisiert die Elektronik und gibt am Schluss noch einige Chansons zum Besten. *Marlene* kümmert sich um Essen und Getränke, und zwei der Musiker geben Informationen zur Situation in

Calais. Zum Glück ist das Konzert sehr gut besucht; viele junge Leute, die nicht zur Stammkundschaft des B. gehören, sind gekommen.

*

Schicke *Rob*, den ich aus dem *Basil's* kenne, meinen Text über *Funktionäre*, aus meinem Buch *Kontinuitäten und Brüche*. Wir hatten uns beim letzten Mal über diese Spezies unterhalten. Er schreibt wie folgt zurück:

Dein ,Funktionär' ist ,erfahrungsgesättigt' (herrliche Vokabel, darf man die verwenden?) und universell zugleich. Du beschreibst einen Archetyp und seinen Kosmos aus Ritualen. Meine Bezeichnung dafür: 'Flanell-Affe' oder ,Silberrücken'. Als ich das erste Mal mit dieser Lebensform in Berührung kam, das mag gut 35 Jahre her sein, konnte ich es buchstäblich nicht fassen.
Außen Normalpath: Anzug. Krawatte, joviales, liberales Getue, Mo - Fr Meeting auf Meeting und eine Packung Marlboro, am Wochenende Party ,Männer' von Herbert Grönemeyer. Innen: Man konnte nicht sicher sein, dass das Knochen sind oder was den aufrecht hält – ein Kerl ohne Eigenschaft.

,Wie wird man so?' oder ,Wie kann man so leben?'
Die Mittelmäßigkeit hat Angst, dass ihre Mittelmäßigkeit (und Faulheit) auffällt. Die können nämlich nix

und sie wissen es. Außer den Anschein der eigenen Unersetzbarkeit zu pflegen. Es spielt den Apparatschiks zusätzlich in die Karten, dass die deutsche Gesellschaft die Mittelmäßigkeit liebt, weil die sich vertraut und sicher anfühlt. Wer seine eigene Mittelmäßigkeit quasi als Schild vor sich her trägt, bekommt in diesem Land deutlich mehr Applaus als jemand, der eigene, evtl. kühne Ideen entwickelt.

Deswegen hatten wir 16 Jahre Herrn Kohl und bekommen die wohl auch mit Frau Merkel.

Ja, und wären wir dann bei der SPD. Die einst stolze Partei der Arbeiterbewegung wird seit Jahrzehnten dominiert von Besitzstandsbewahrern aus dem Öffentlichen Dienst und anderen mittelmäßigen Betonköpfen.

Die haben die Alte Tante in stabile Seitenlage versetzt – weil sich das aus ihrem Blickwinkel vertraut und sicher anfühlt. Ich kenne diese Mischpoke aus eigener Anschauung. Am Ende stand eine ‚Immunreaktion‘, ungefähr so als ob der Körper fremde Einzeller bekämpft – so viel ist klar: Wir sind nicht kompatibel.

Dann schaue ich wirklich zufällig den SPD-Parteitag und reibe mir verwundert die Augen: Weil da steht jemand am Pult und zitiert aus dem Film ‚Herr der Ringe‘. Wer hätte gedacht, dass so viel Phantasie in einem Zwergenaufstand steckt? Wer hätte gedacht, dass er dafür keinerlei Häme oder Spott abbekommt?

Und wie konnte das den Silberrücken entgehen? Bricht da gerade was auf?

Fragen über Fragen. Die klären wir sicher bald.

*

Valentin hat meinen Text über *Die Realitätserfahrung des Schriftstellers* im *Blog der Republik* gelesen, der soeben erschienen ist. Er zeigt mir ein *Reclam-Bändchen* von *Odo Marquard*, im neuen Layout, gestaltet von *Friedrich Forssmann*, der vor kurzem in der *a Lasko-Bibliothek in Emden* referiert hat, wo *Petra* und ich vor kurzem eine Lesung über *Das literarische Werk von Dieter Wellershoff* gehalten hatten.

Ich erzähle Valentin, dass ich bei Odo Marquard Philosophie studiert habe und als Student Fachschaftsvertreter war. Marquard war ein genialer Formulierungskünstler; allein deshalb ging ich in seine Vorlesungen. Verstanden habe ich von allem wenig.

Und er hat uns, die wir damals als rebellische Studenten so ziemlich alles kritisiert haben, geschickt eingebunden. Wir durften an den Colloquien der Professoren und Assistenten teilnehmen und staunten, worüber diese so alles diskutieren konnten.

Ich empfehle Valentin einen weiteren Reclam-Band von Marquard.: *Abschied vom Prinzipiellen*. Darin findet sich das schöne Zitat über die 68er: *Nach der materiellen Fresswelle der Nachkriegszeit kam ab 1968 die ideologische Fresswelle.*

Erst nach seinem Tod wurde bekannt, dass er auch ein beachtlicher Maler war. Vor kurzem fand in der Uni-Bibliothek von *Gießen* eine Ausstellung mit seinen Werken statt. Ich wusste nur, dass er gern *Kriminalromane* las – am liebsten in der Badewanne.

*

Ich bekomme ab und zu Rückmeldungen auf meine Bücher, die mich stets interessieren. *Tom* liest gerade den neuen Gedichtband. Er macht sich Notizen zu einzelnen Gedichten und würde sich gern mit mir treffen, um darüber zu reden. Vor allem die *Haiku-Form* hat es ihm angetan.
Sabine erzählt, dass sie z.Zt. die *Begegnungen* liest; meist würde sie vor der Arbeit noch einen Abschnitt lesen; und *Hartmut* hat im Buch über meinen *Opa* geblättert. Irgendwann hatten wir festgestellt, dass wir beide *Opa-Kinder* waren.

*

Im *Bezirksrathaus Nippes* fand die Vernissage zur Fotoausstellung von *Rob* statt. Eine sehr ansprechende Auswahl von Fotos mit *Stadtansichten*. Rob schafft es, Farbkonstellationen herzustellen, die wie gemalt wirken. Sehr kunstvoll. Er berichtet, dass er bis zu zehnmal an die gleiche Stelle fährt, um das gewünschte Licht für ein Foto zu haben.

Nach der Veranstaltung, zu der auch *Liebs* ge-kommen waren, sitzen wir noch in kleiner Runde im *Basil's* zusammen. Später, als wir allein mit *Rob* sitzen, möchte er einiges über *Dieter Wellershoff* wissen, von dem er noch nichts gelesen hat. Durch die vielen Nachrufe zu seinem Tod in den Medien sei er auf ihn aufmerksam geworden.

*

Im *Basil's* herrscht gedämpftes Fußballfieber. Noch fehlen die großen Knüller der laufenden WM. Die Tipps sind abgegeben. Aber: Was soll man bei Par-tien wie *Marokko gegen Iran* oder *Ägypten gegen Uruguay* tippen? So sind viele Zufallstreffer dabei, und viele Spiele stehen noch aus.

*

Unterhalte mich mit *Valentin,* der angefangen hat zu schreiben. Ihn interessiert die *Identitätsproblema-tik* wegen seiner speziellen Beziehung zu seinem Vater. Dieser war als Zwillingskind aufgewachsen. Als der Bruder mit fünf Jahren starb, sprach man den Vater nur noch mit dessen Namen an; man verlieh ihm damit in gewisser Weise dessen Identi-tät. Nie sei der damit klargekommen.

Mir fällt dazu ein Satz von *Alain Ehrenberg* ein: *Die Angst davor, man selbst zu sein, wird zur Erschöpfung davon, man selbst zu sein.*

*

Waren zum 60. Geburtstag von *Pitt* eingeladen. Es waren um die fünfzig Leute da; die meisten kannten wir aus dem *Basil's*. Es wurde ein angenehmer, teilweise sogar lustiger Abend; vor allem wegen *Rolf*, des Adoptiv-Vaters von *Sabine*, mit dem man wunderbar witzeln kann: spontan und intelligent. Er ist ein Situationskomiker. Wir lachen Tränen; wann hat es das schon einmal gegeben?
Pitt ist in Hochform. Er spielt seine Gastgeberrolle mit viel Charme und stets ein wenig über den Dingen stehend. Er ist schon eine Marke für sich. Am nächsten Tag ruft *Conny* an: Pitt und sie seien noch ganz erfüllt von dem Fest. Sie möchten sich bei uns allen bedanken, die wir dabei waren. Eine ungewöhnliche Geste, denn recht eigentlich haben wir uns zu bedanken.

*

Treffe mich nach langer Zeit mit *Wolfgang* im *Basil's:* eine Stunde vor dem Spiel *Athletico gegen BVB*, das 2:0 endet. Wir reden über den Aufruf der Sammlungsbewegung *Aufstehen,* die von *Sahra*

Wagenknecht initiiert wurde. Wir haben den Aufruf nicht unterschrieben. Ausschlaggebend war deren ablehnende Haltung gegenüber der Bewegung *Unteilbar;* einem breiten gesellschaftlichen Bündnis für eine *offene Gesellschaft.* Man hätte ja die eigene Position der *Linken* im Rahmen dieses breiten Bündnisses für Demokratie, Meinungsfreiheit, Gerechtigkeit und Rechtsstaatlichkeit präzisieren können. So hat die strikte Ablehnung etwas Sektiererisches, und man fragt sich unwillkürlich, wo denn die *Linke* ihre Unterstützer finden will – wenn nicht in einem so breit angelegten Bündnis wie *Unteilbar.*

*

Machen abends einen Gang durchs Veedel. Einige Geschäfte haben geöffnet, so auch unsere Gemüsehändlerin *Tatjana,* die u.a. Rotwein ausschenkt. Wir trinken ein Glas und unterhalten uns mit ihrem Mann, den wir bisher nicht kannten. Anschließend gehen wir rüber ins *Alt Neppes,* wo *Andy,* der frühere Fischverkäufer, bedient. Er erzählt, dass er eine Ausbildung im Metallhandwerk macht und nebenbei jobbt. Er wirkt ziemlich gefestigt. Als er seine Arbeit vor zwei Jahren verlor, hatten wir befürchtet, dass er abdriftet.
Dann schauen wir noch im *Basil's* vorbei, wo ich mich mit einem Bekannten von *Sabine* unterhalte. Über Fußball, das geht immer. Er ist *Frankfurt-Fan,*

und wir reden über die große Zeit der *Eintracht*, als noch Spieler wie *Grabowski, Hölzenbein, Nickel u.a.* dort spielten. Beide erinnern wir uns an das 6:0 der *Eintracht* gegen *Bayern München*; in den 70er Jahren war das.

*

Diskutiere mit *Jürgen*. Er war eine Woche mit seiner Frau in *Straßburg*. Als Reiselektüre hatte ich ihm unser Erinnerungsbuch an *Wellershoff* mitgegeben, weil er sich dafür interessierte. Er hat es gelesen und zeigt sich beeindruckt von den vielen Facetten unserer Erinnerungen. Und er muss es genau gelesen haben, denn er fragt mich, ob Wellershoff etwas voreingenommen gegenüber dem Schriftstellerkollegen *Jürgen Becker* gewesen sei. Diese Nuance nimmt nur ein Leser wahr, der aufmerksam liest. Im Buch sind diese Vorbehalte sehr zurückhaltend formuliert. Wellershoff nennt Beckers Schreiben *Augenblicksliteratur mit historischer Einblendung.*

*

Wir gehen zu einer Kabarettveranstaltung in den *Bunten Hund*. Mit dabei sind *Frank und Juliane*. *Stefan Reusch* gibt seinen satirischen Jahresrückblick. Wir verfolgen seinen Weg seit etwa 20 Jahren. Damals lernten wir ihn persönlich kennen. Er übernahm unsere Wohnung und auf die Frage, was er so mache, antwortete er damals: *Quatsch*. Seine Anfänge als Kabarettist waren schwierig: einige Veranstaltungen im kleinen Rahmen haben wir besucht: anschließend wurde stets der Hut rumgereicht. Bei einem seiner ersten Bücher habe ich ihn ein wenig beraten; er hatte mich darum gebeten.

Mittlerweile hat er sich etabliert und tritt bundesweit auf (zwei Tage vorher war er in Stuttgart gewesen) und hat einen festen Sendeplatz beim *SWF* und *WDR*. Sein Kabarettprogramm ist ausgereift und vielseitig. Demnächst tritt er im *Senftöpfchen* auf.

Als ich ihn in der Pause treffe, gratuliere ich ihm zu seinem Auftritt; ich würde seine Recherchearbeit bewundern und wie er es immer wieder schafft, durch kleine Wort- und Sinnverdrehungen die Leute zum Nachdenken, aber eben auch zum Lachen zu bringen. In seiner Bescheidenheit meint er: *Ja, es ist viel Hin- und Hergeschiebe dabei.*

*

Schaue mir das Revierderby *Schalke gegen Dortmund* an. Die Kneipe ist rappelvoll. Die Dortmund-Fans sind bei weitem in der Überzahl. Als Dortmund das verdiente 2:1 schießt, brechen alle Dämme. Die Leute springen auf, und Barhocker und Stühle fallen um. Man klatscht sich ab und umarmt sich; eine tolle Atmosphäre. Das ist es, was ein Spiel in der Kneipe ausmacht!

Ganz nebenbei: für *Frank* muss ich ein Bier ausgeben: ich hatte auf *Friedrich Merz* als CDU-Vorsitzenden getippt; er auf *AKK*. Die Wahl ging äußerst knapp für AKK aus.

*

Bringe für *Jürgen*, den Automechaniker, mein Buch *Begegnungen* mit, auf das er mich vor kurzem angesprochen hatte. Als ich ihm das Buch übergebe, ist er ganz perplex und kann gar nichts sagen.

Im Innenraum sitzt *Volker* an der langen Theke und liest die *SZ*. Wir begrüßen uns zum Neuen Jahr, und ich setze mich in die Ecke, von wo aus ich den ganzen Laden überblicken kann. Meine Lieblingsposition.

Nach ein paar Minuten kommt er herüber und fragt, woran ich arbeite. Ich erzähle von unseren jüngsten Projekten: das *Wellershoff-Buch Nr. 3* mit unseren persönlichen Erinnerungen an ihn. Und dann vom *Journal 2018* und was es damit auf sich hat. Ich erzähle einiges über die Beweggründe, die mich zum Journalschreiben veranlasst haben. Auch das Vorhaben über Wellershoff scheint ihn zu interessieren. Aber je mehr ich erzähle, desto mehr habe ich den Eindruck, dass er gedanklich abwesend ist. Er blickt mich an und in seinen Augen ist eine gewisse Müdigkeit, vielleicht auch Traurigkeit.

Dann erzählt er, dass er in *Portbou* (Spanien) war, dem Ort, an dem sich *Walter Benjamin* auf der Flucht vor den Faschisten umgebracht hat. Den Fluchtweg Benjamins kann man heute begehen. Auch eine kleine Gedenkstätte gibt es dort. All diese Eindrücke scheinen ihm sehr nahezugehen.

*

Spielen seit Jahren einmal wieder einen gepflegten *Skat*. Treffen uns an einem Sonntagnachmittag mit *Michael* und spielen etwa zwei Stunden in angenehmer Atmosphäre. Werden wir wohl jetzt öfter machen.

Michael, einer der wenigen *Schalke-Fans* im *Basil's*, weist mich während eines Gesprächs auf *Professor Rainer Mausfeld* hin. Ich hatte bisher noch nichts von ihm gelesen und finde heraus, dass Mausfeld ein überaus kritischer Zeitgenosse ist, der sich um die Zukunft der Demokratie sorgt. Vor allem kritisiert er die Rolle der *Medien*, die ihm viel zu wenig zur Aufklärung beitragen; ganz im Gegenteil: ein großer Teil der Medienlandschaft ist seiner Meinung nach angepasst und tanzt nach der Melodie der Herrschenden.

Mausfeld schreibt in seinem Buch ‚Das Schweigen der Lämmer': *Es gibt keinen radikaleren Weg, Macht einzuhegen, als die Demokratie. Da ist es doch verständlich, dass niemals in der Geschichte die Mächtigen ein ernsthaftes Interesse an Demokratie hatten. Paradoxerweise gilt die Demokratie dennoch seit Mitte des 20. Jahrhunderts als einzige legitime Herrschaftsform. Das konnte nur dadurch gehen, dass man sagte: Demokratie kann nur funktionieren, wenn sie keine ist. Wir müssen das Volk von der Macht fernhalten, denn es ist launisch, infantil. Macht muss immer in den Händen einer verantwortungsvollen, rationalen Elite liegen.* Er kritisiert die *Entfunktionalisierung des Parlaments* und dass politische Entscheidungen zunehmend in kleinen Zirkeln außerhalb des Parlaments getroffen werden.

Mausfeld ist nicht etwa ein Gegner der Demokratie; im Gegenteil: er kritisiert deren *Entkernung*.
Michael und ich stimmen darin überein, dass Mausfeld mit vielen seiner Argumente richtig liegt und es sich lohnt, darüber nachzudenken.

*

Treffen uns zur Kalenderübergabe mit *Rob* im *Basil's*. Er möchte *Petra* und mich fotografieren; im

Rahmen einer Serie über *Babyboomer*. Wir sprechen auch über ein gemeinsames Projekt: *Wolken und Landschaften in Wort und Bild* und sammeln erste Ideen. Vielleicht wäre ein *Livestream* das Richtige: fortlaufende Bilder und eingesprochene Texte. Würde mir gefallen.

*

Abends zum Fußballschauen ins *Basil's*, wo ich mich angeregt mit *Frank* unterhalte. Er arbeitet als *Baustellen-Manager* und kennt sich sehr gut in Baustellen der Region aus. Er ist der Meinung, dass die Fehler beim Bau der Kölner Großbaustelle *Opernhaus* bereits mit der viel zu kurzen Planungszeit begannen. Und er hält Planungsfehler für ursächlich für das heutige Dilemma. Das sei der typische Fehler von Verwaltungsleuten, die Beamte, aber keine Fachleute sind. Sie wollen an den Planungskosten sparen und verursachen durch Planungsfehler ein Mehrfaches an Kosten und Verzögerungen. Wie man an Oper, Schauspielhaus und U-Bahn sehen kann. Ein weiterer Grund sei die mangelhafte Kommunikation zwischen Planern und Entscheidern und der Wirrwarr an Zuständigkeiten. So seien für Bauvorhaben manchmal ein Dutzend verschiedene Ämter zuständig. Interessante Informationen sind das für einen Außenstehenden wie mich.

*

Treffen uns zu einem Glas Wein im *Basil's*. Wir können draußen sitzen. Endlich ließ das Wetter es zu. Nach kurzer Zeit kommt *Volker* hinzu. Wir diskutieren über die Musik der 60er und 70er Jahre; welche Bedeutung sie für uns hatte als Medium der Abgrenzung vom familiären und gesellschaftlichen Umfeld, als Widerstand gegen die ältere Generation und als Moment der Befreiung und persönlichen Entwicklung. Wir sind mitten in einem engagierten Gespräch, als auch noch *Christel* vorbeikommt. Sie war auf einem Spaziergang, um sich vom vielen Lesen zu erholen. Jetzt erweitert sich der Diskussionsstoff. Wir erzählen uns von der gemeinsamen Zeit in der *Südstadt*. Auch sie haben lange dort gelebt.

Dann spricht Christel auf unser *Wellershoff-Buch* an, das ich ihr vor kurzem mitgebracht habe. Wir hätten ja nicht nur über Wellershoff geschrieben, sondern gleichzeitig auch über die Art und Weise, wie wir arbeiten. Das sei für sie sehr interessant gewesen. Überhaupt findet sie das Buch sehr lebendig geschrieben, und vieles sei für sie sehr nachvollziehbar, weil sie zahlreiche Interviews mit Wellershoff gemacht habe; auch noch kurz vor seinem 90. Geburtstag, den auch sie als Zäsur erfahren habe. Über das Urteil der professionellen Literaturkritikerin freue ich mich natürlich.

*

Nach meinem Bandscheibenvorfall seit Wochen zum ersten Mal wieder im *Basil's*. *Petra* begleitet mich. Es wird ein schmerzhafter Gang: schon nach wenigen Schritten treten die alten Schmerzen wieder auf. Es ist zum Verzweifeln. Dennoch tut mir der Aufenthalt ganz gut: etwas Ablenkung durch den *Ford-Peter,* dem die Behörden das Leben nach seinem Ausscheiden bei Ford schwer machen. Seine Abfindung muss er versteuern; er muss sich dem Arbeitsmarkt weiterhin zur Verfügung halten; muss an ‚Maßnahmen‘ der Agentur teilnehmen, die völlig sinnlos sind (Bewerbungsschreiben verfassen; Computerkenntnisse erlangen usw.). Alles überflüssige Dinge, die einer Schikane gleichkommen und zu nichts führen, da er ohnehin nicht mehr vermittelbar ist, auch gar nicht mehr arbeiten will, sondern nur noch seine Rente bekommen möchte.

*

Im *Basil's* erfahre ich, dass *Jürgen,* ein Gast, mit dem ich mich gerne unterhalten habe, plötzlich gestorben ist. Er hatte am 2. August geheiratet. Von der geplanten Hochzeitsfeier hatte er mir noch erzählt. Er sah dagegen an wegen der zahlreichen Verwandtschaft seiner Frau und freute sich auf den anschließenden Urlaub auf Kreta. Am Flughafen ist er zusammengebrochen und gestorben.

Ich erinnere mich, dass er oft sehr erschöpft war. Er hatte offenbar einen anstrengenden Job; inspizierte Baustellen in der Region und war dementsprechend ständig unterwegs. Er war 60 Jahre alt; seine erste Frau starb vor einigen Jahren. Wie es schien, hatte er jetzt sein Glück doch noch gefunden. Seine jetzige Frau, von der er viel erzählte, war 20 Jahre jünger als er. Sie ist Kostümausstatterin beim WDR. Er kümmerte sich sehr um sie; kochte oft und machte sogar noch einen Tanzkursus – alles ihr zuliebe. Und er kümmerte sich um seine alte Mutter; hielt deren Garten und Haus in Ordnung. All das belastete ihn zusätzlich.

Wir unterhielten uns über alles Mögliche: Politik, Sport, aber auch über Kultur. Er besuchte Kunstausstellungen und Theateraufführungen; kurzum: er war vielseitig interessiert, und so gab es immer Gesprächsstoff. Die Aufenthalte im *Basil's* – er blieb meist nur etwa eine Stunde – schien er zu genießen. Er konnte sich entspannen und erholte sich. Wenn er ging, merkte man ihm an, dass er gern länger geblieben wäre; aber meist musste er noch etwas besorgen. Schade um ihn: er war ein angenehmer Zeitgenosse. Ich werde ihn vermissen.

*

Bei diesem Besuch im *Basil's* treffe ich *Valentin* wieder. Ich habe ihn sicherlich ein halbes Jahr nicht mehr gesehen, seit er ein *Stipendium vom Folkwang-Museum* in *Essen* erhalten hat. Vor kurzem brach er sich den Fuß und konnte deshalb auch nicht im Basil's arbeiten. Er erzählt mir, dass er zwischenzeitlich nach Essen umgezogen sei und es ihm dort sehr gefalle. Er ist munter und aufgeweckt wie immer. Er scheint seinen Platz gefunden zu haben; nach den vielen Absagen an diversen Schauspielschulen. Er ließ sich nie entmutigen, und auch wir haben daran geglaubt, dass dieser intelligente Junge irgendwann seinen Weg finden würde.

*

Waren nach längerer Zeit einmal wieder im *Basil's*. Es war ein interessanter Aufenthalt. *Lutz,* der an führender Stelle in einem Medienunternehmen arbeitet, erzählt, wie sich der Umgang mit Technik verändert. Seine Generation habe noch das Programmieren lernen müssen, was voraussetzte, dass man die technischen Vorgänge auch verstehen musste. Die jungen Leute von heute hätten das nicht mehr gelernt. Sie sind es gewohnt, die benötigten Funktionen einfach abzurufen. Sie werden ihnen mit Hilfe der Algorithmen zugespielt. Woher diese kommen, interessiert sie nicht. Von daher sind sie nicht mehr in der Lage, auch nur einfachste Funktionen nachzuvollziehen. Das sei ein großes Problem beim Programmieren, wo Kreativität und die Fähigkeit, Problemlösungen zu finden, gefragt sind.

Im Laufe des Gesprächs kommt Lutz überaschenderweise auf ein philosophisch-theologisches Thema, eingeleitet mit der Frage danach, wie *das Böse* in die Welt gekommen sei. Eine interessante Frage, die wir nach ein paar vergeblichen Versuchen, sie anzugehen, als solche im Raum stehen lassen. Wie aus dem Nichts tauchte die Frage auf; ich habe mir später immer wieder Gedanken darüber gemacht und mir folgendes dazu notiert:

Das Ganze fängt ja schon mit der Schöpfungsgeschichte an, die mir höchst fragwürdig zu sein scheint. Es gibt so viele Schöpfungsmythen, dass man glauben könnte, ihre Erfinder seien lauter Dichter gewesen.
Es gibt eine positive und eine negative Deutung der Genesis. Die einen sagen, der Mensch sei zur Welterkenntnis fähig und daher auch zum Guten oder Bösen. Andere sehen ihn durch die Erbsünde bis in alle Ewigkeit verdammt. Ich überlasse es den Kirchenvertretern, die eine oder andere Deutung zu favorisieren. Im Grunde interessieren mich ihre Aussagen nicht sonderlich. Es gibt Gründe für beide Sichtweisen. Mir reicht ein Blick

auf die Geschichte und den gegenwärtigen Zustand der Welt.

*

Rede mit *Anke,* der Tochter des *langen Peter.* Sie unterrichtet im Moment eine fünfte Klasse und berichtet, mit welch unterschiedlichen Voraussetzungen diese Zehnjährigen in die Schule kommen. Sie müsse sich nicht nur auf die Kinder einstellen, sondern auch mit bedenken, aus welchen sozialen Verhältnissen sie kommen; welche sprachlichen Kenntnisse sie mitbringen; in welchen religiösen und kulturellen Umwelten sie aufwachsen usw. Da brauche es mehr als pädagogische Fähigkeiten. Und wie schwierig es oft sei, mit den Eltern klarzukommen. Und dann erzählt sie, was sie z.B. während einer Projektwoche mit den Kindern unternimmt. Ihr geht es darum, den Kindern nicht nur Wissen zu vermitteln (*sie mit Wissen vollzustopfen,* wie sie sagt), sondern aktiv zu beteiligen. So besucht sie mit ihnen ein stillgelegtes Bergwerk, und sie dürfen dort mit alten Geräten hantieren. Und sie geht mit ihnen in fremde Stadtteile, damit die Kinder mehr über ihre Stadt erfahren.

Höre ihr gerne zu, während drum herum die Leute mit ihren Handys kommunizieren.

*

Schaue mir das Champions-Liga-Spiel *Dortmund gegen Inter Mailand* an. Endlich spielen die Dortmunder wieder so, wie man sie sehen will: temporeich und voller Spielideen. Nach einem 0:2 Rückstand zur Pause gewinnt Dortmund dank einer grandiosen 2. Halbzeit noch mit 3:2. Mit *Lutz* und dem Sänger *Mattes* feiern wir noch bis 1.30 Uhr den Dortmunder Sieg. Zeitweilig ist auch unser früherer Nachbar *Jan* dabei. Er erzählt, dass es der Familie gut gehe und der Älteste – *Orfeo* – mittlerweile studiert.

Mattes ist ein begnadeter Sänger. Vom *Rock* bis zu *Kölschen Liedern* reicht sein Repertoire. Wir besuchten seine Konzerte in *Flora 6* und im *Basil's*. Beide ca. 2 Stunden lang vor einem begeisterten Publikum. Man fühlte sich wie im Karneval.

*

Im *Basil's* spricht mich ein Mann an, den ich nur vom Sehen kenne. Er sei Schriftsteller. Er sei dabei, eine Anthologie herauszugeben. Titel: *Mutterseelenallein*. Er betont eigens jede der Silben und weist mich darauf hin, dass es sich um drei verschiedene Aspekte handelt. Und er fügt hinzu: *MutterSeelenAllein meint etwas anderes als Einsamkeit.* Da ich auf dem Sprung bin, vereinbaren wir, dass wir uns beim nächsten Treffen ausführlicher unterhalten werden. Das könnte ganz interessant werden.

Nach einigen Tagen treffen wir uns wieder und setzen unser Gespräch fort. Wir reden über die vielen Facetten von Einsamkeit: *Alleinsein; Zurückgezogenheit; Verlassenwerden; den Stille suchenden Künstler; Gottverlassenheit* und natürlich über sein Thema *Mutter-Seelen-Allein*. Der Mann hat studiert, einige Bücher herausgegeben, u.a. über das Verständnis von *Heimat*. Aus diesem Anlass hatte er Rückantwortkarten an alle Bundestagsabgeordneten geschickt, von denen 99 tatsächlich geantwortet haben. Er lebt von *Hartz IV* und versucht verzweifelt, Unterstützer für seine Vorhaben zu finden. Aber überall stößt er auf Ignoranz. Er ist keineswegs larmoyant, eher ein wenig weltfremd, aber im guten Sinne; soll heißen: nicht angepasst oder spießig. Ich mag solche Leute.

*

Waren zur Ausstellung des Fotokünstlers *Jochen S.*, den wir aus dem *Basil's* kennen. Vor Tagen war ein Bericht im KStA, der uns noch einmal an die Ausstellung *Zeitcollagen* erinnerte, deren Vernissage wir trotz einer Einladung von ihm verpasst hatten, da wir nicht in *Köln* waren.

Jochen macht Fotos, in die er historische Motive wie z.B. alte Stadtansichten hinein montiert. Uns gefallen die Bilder sehr. Man sieht, wie es früher im Veedel aussah, und durch die Konfrontation von Alt und Neu schafft er eine ganz eigentümliche Atmosphäre aus Nostalgie und Aufmerksamkeit für Gegenwärtiges. Die Fotos sind künstlerisch sehr anspruchsvoll, und man muss genau hinschauen, um alle Details und Feinheiten zu erfassen. Eines seiner Bilder über die *Neusser Straße* haben wir erworben; es hängt in unserer Wohnung in *WHV*; auf diese Weise ist *Nippes* uns stets präsent.

*

Hören uns bei einem Glas Rotwein alte *Bluesmusik* an. *Heinz* – ein Bekannter aus dem *Basil's* – hatte uns einige LPs vorbeigebracht, nachdem wir uns in der Kneipe über unsere Musikvorlieben unterhalten hatten. Heinz ist jetzt Rentner; arbeitet aber noch nebenher in einer Einrichtung mit *Behinderten*. Begeistert erzählt er von der *Anhänglichkeit* dieser Leute. Ihm, der stets für Andere da ist, scheint es gut zu tun. Er ist wohl am rechten Platz.

Ich hatte mit Heinz ein schönes Erlebnis. Anlässlich des Geburtstages von *Sabine*, die fast alle Bekannten aus dem *Basil's* eingeladen hatte, waren wir die letzten Gäste, die gingen. Morgens um ½ 6. Damals wohnte er noch in der *Bülowstraße*. Jetzt ist er nach *Weidenpesch* gezogen, kommt aber immer mal wieder nach hier zurück.

*

Schaue mir *Leicester gegen Liverpool* an. Liverpool gewinnt hochverdient mit 4:0. Sie spielen z. Zt. Fußball vom anderen Stern: temporeich; dominant; technisch versiert; variabel usw. Das ist der schönste Fußball, den ich seit langem gesehen habe.

*

Heiligabend gehen wir ab 21 Uhr ins *Basil's,* wo wir *Valentin, Tom, Ford-Peter, Sabine u.a.* treffen. Die Atmosphäre ist ein wenig gedämpft, und die Gespräche wollen nicht so recht in Gang kommen. Jeder hängt wohl seinen Gedanken nach.

*

Unterhalte mich längere Zeit mit *Rolf.* Er ist eine Art Universalgenie; gebildet und vielseitig interessiert. Er fährt Reisegruppen zu Kulturstätten in ganz Europa. Entsprechend gut kennt er sich aus. Aber man kann auch über den FC Liverpool, deren Spiele er regelmäßig verfolgt, oder über *Kochrezepte* mit ihm reden. Und obendrein kann er zuhören und ist im besten Sinne amüsant. Kurzum: es macht Spaß, mit ihm zu reden.

Schicke ihm meinen Text über den *Widerstands-kämpfer und Emigranten Heinz Langerhans*, bei dem ich studiert habe. Ich hatte den *Text* auf einer Veranstaltung der *Kulturen der Welt* in *Mühlheim* gelesen und Rolf davon berichtet. Er antwortet prompt:

Wahrhaft beeindruckend, wie Du es schaffst, eine derartig komplexe und komplizierte ‚Geschichte' vor dem Vergessen zu bewahren. Es hat mich sehr berührt, vor allem vom unglaublichen Lebensende Langerhans' zu erfahren. Wie absurd sein Weg dann hinter Gittern endete - in der Dunkelheit.

*

Wir reden im *Basil's* mit Sabine. In der Firma ist sie unersetzlich, aber ihr Aufgabengebiet ist formell nicht präzise festgelegt. Dadurch fehlt ihr die *materielle* Anerkennung. Das will sie ändern, und da sie mutig und klug ist, wird ihr das auch gelingen, so ist jedenfalls zu hoffen.
Positiv ist: die Kinder machen sich gut. *Louis* steht vor dem Lehrabschluss und *Lina* beendet demnächst ihr Praktikum und hat eine Lehrstelle in Aussicht.

*

Seit Ende Januar habe ich mich vorübergehend aus dem *Basil's* zurückgezogen, das mir jahrelang als Anlaufstelle für Gespräche galt. Ich hatte eigentlich vor, nur eine Pause einzulegen; aber dann kam die Corona-Krise, während der monatelang nichts mehr lief. Zwischenzeitlich hatten sich *Sabine* und *Frank* noch einmal per E-Mail gemeldet. Sabine aus einer Runde im Basil's ließ Grüße von Heinz, dem langen Peter, Michael u.a. bestellen. Und Frank schrieb, dass er jetzt während der Corona-Zwangspause Zeit findet, einige meiner Texte aus dem *Blog der Republik* zu lesen.

Wir alle haben schmerzlich erlebt, was es bedeutet, wenn einem ein Treffpunkt und kommunikatives Zentrum wie das *Basil's* fehlt. Es fehlt schlicht und einfach ein Stück *Alltagskultur*.

Angaben zum Autor

Joke Frerichs; Dr. rer. pol.; M.A.; Studium der Philosophie, Soziologie, Politikwissenschaft und Germanistik in Gießen und Marburg. Forschungstätigkeit an den Universitäten Bremen und Bielefeld; Lehrauftrag in Bochum. Von 1979 – 2002 Geschäftsführer und wissenschaftlicher Mitarbeiter an einem Forschungsinstitut in Köln.

Veröffentlichungen u.a.:
„Zugänge. Wie man aufwächst, so denkt man" (2005); „Begegnungen" (2007); „Selbstgespräche. Gedichte und Poeme" (2010); „Opas Welt. Erinnerungen an meinen Opa und meine Kindheit in Emden" (2011); „Die Mission", Roman (2011); „Einfach mal drauflos fahren – Episoden von Reisen" (2013, 2. Aufl. 2014); „Gespräch mit einem langen Schatten", Roman (2013); „Das Leuchten der Stille". Ausgewählte Gedichte (2014); „Das Haus des Dichters", Roman (2016); „Inside out. Die Welt lässt sich nicht umarmen", Journal der Jahre 2005-2015 (2016); „Die Schatten werden länger", Journal 2016 (2017); „Kontinuitäten und Brüche. Versuch einer Selbstbeschreibung" (2017); „Gegenblende", Journal 2017 (2018); „Flugsand", Journal 2018 (2019); „Intervalle", Journal 2019 (2020); „Farewell", Journal 2020 (2021); „Zeit der unver-

hofften Bilder", Roman (2020); „Zimmerschied: Eine Oase im Grünen" (2021).

Zusammen mit Klaus Frerichs: „Einer schreibt, einer malt. Zwei Brüder aus dem Emder Arbeitermilieu finden ihren Weg" (2017).

Zusammen mit Petra Frerichs: „Lesespuren. Notizen zur Literatur" (2011); „Leben braucht keine Begründung. Zum literarischen Werk von Dieter Wellershoff" (2012); „Literarische Entdeckungen. Vergessene und neu gelesene Texte" (2012, 2. Aufl. 2018); „Leben und Schreiben – was sonst? Ein Streifzug durch die Werkausgabe von Dieter Wellershoff" (2014); „Das Mysterium der Suche" (2014); „Dieter Wellershoff. Eine Begegnung der besonderen Art" (2019).

Beide schreiben für den *Blog der Republik*.

Weitere Informationen unter: www.joke-frerichs.de